HENRI DE KERBEUZEC

Cojou-Breiz

PREMIÈRE SÉRIE

PLOUGASNOU

[illegible]

PARIS
LIBRAIRIE ÉMILE BOUILLON, ÉDITEUR
67, RUE DE RICHELIEU, AU PREMIER

1896

Cojou-Breiz

PREMIÈRE SÉRIE

PLOUGASNOU

HENRI DE KERBEUZEC

Cojou-Breiz

PREMIÈRE SÉRIE

PLOUGASNOU

« Le véritable titre littéraire de la Bretagne, c'est sa merveilleuse collection, de jour en jour plus considérable, de légendes et de chants populaires » (LOTH, *Chrestomath. breton.*).

PARIS
LIBRAIRIE ÉMILE BOUILLON, ÉDITEUR
67, RUE DE RICHELIEU, AU PREMIER

1896

A

MADAME ELVIRE DE CERNY

SOUVENIR RESPECTUEUX DE

SON HÔTE

PRÉFACE

A quatre lieues de Morlaix, vieille et pittoresque cité bretonne, repose sur le bord de la mer le tranquille village de Plougasnou.

La route se fait en voiture; chemin très accidenté et plein de charme dans les vesprées printanières du commencement de Mai.

Les buissons sont alors d'une verdure si fraîche! Les pommiers aux blancs pétales transforment les champs en parterres d'incomparables bouquets, l'air est pénétré du parfum des colzas, et, sur les prés aux herbes soyeuses, les oiseaux voltigent, chantant la douce espérance de la moisson future. Çà et là des champs de bruyère où paissent des troupeaux gardés par un groupe d'enfants. Çà et là des croix taillées en un fin granit, sur lesquelles étendent leurs bras des Christs couronnés. Et, à mesure que le soir s'avance, vous comprenez mieux :

« Ce pays de silence où cheminent des rêves. »

Sur cette terre délicieuse nous avons moissonné les traditions populaires dont nous offrons ici une gerbe.

Notre intention première était d'indiquer les variantes des légendes, des poèmes et des contes que nous publions, ces références étant très précieuses pour les folkloristes. Nous aurions donné à l'ensemble une forme littéraire. Certaines plantes plus communes eussent été écartées, quelques corolles plus rares eussent reçu la lumière ; un filet délicat eût réuni en un faisceau harmonieux ces fleurettes des champs. Hoc erat in votis !

Mais les circonstances nous obligent à nous hâter. Des indiscrets, ayant eu connaissance de notre travail, ont voulu en profiter. A chacun son bien. Comme dit le poète :

Mon verre n'est pas grand, mais je bois dans mon verre.

5 Novembre 1895.

PREMIÈRE PARTIE

CHAPELLES & LÉGENDES

PREMIÈRE PARTIE

CHAPELLES & LÉGENDES

Kermouster.

Cette chapelle n'est pas très éloignée de Morlaix. C'est là qu'au mois de janvier on tient pardon en l'honneur de saint Sébastien.

Les clefs me sont prêtées. J'entre, et toute mon attention est absorbée par une superbe statue en bois : un Jésus-aux-liens. Il est attaché à un arbre : dans ce corps qui s'affaisse on sent toute la faiblesse de la nature, dans son visage et dans ses yeux, que de douleurs, que de supplications ! Cependant, en le chargeant de la détresse humaine, l'imagier lui a laissé la grandeur d'un Dieu. — Ce sanctuaire, m'a-t-on dit, est le rempart qui défend Plougasnou des épidémies. Toujours se sont arrêtées ici les funestes pestilences.

Kerbabu.

Allez-y : c'est le centre d'un pardon au mois d'août. Pénétrez dans la pieuse chapelle. Auprès de la porte, voici un coffre où les pélerins déposent leurs offrandes de blé. Regardez ces statuettes d'une expression si vive sous leur extérieur rustique; ce baldaquin de 1628 où le sculpteur-paysan s'est plu à nous représenter saint Maudet et ses compagnons, portant de gros livres, symboles de la science et de la prière. Examinez cette petite croix processionnelle, la plus vieille que j'aie vue. Sa hampe est de chêne, noirci par les années, ses branches sont d'argent, chargées de quatre cabochons et portant un Christ habillé.

Chapel-Santez-Barba.

AILLEURS c'est *Chapel-Santez-Barba*, édicule assis sur une colline, en face de la mer; assis, oh! bien bas! pour ne point donner prise à l'horrible vent qui beugle avec rage. Aussi, vous baisserez la tête pour entrer. Mais, à peine serez-vous dans le sanctuaire, que vos regards s'attacheront à un saint François à la pose tremblante, montrant avec joie et frayeur ses mains transpercées des plaies sacrées.

Chapel-ar-belek.

On raconte que c'est un temple chrétien élevé sur les ruines d'un temple consacré au dieu Bel?... Maintenant ce petit monument s'écroule. Tant d'autres ont déjà disparu!

Saint-Nicolas.

Il y a cinq ans on détruisait la chapelle *Saint-Nicolas*. Je m'en suis quelque peu consolé, en constatant, *ipsissimis oculis*, que ses restes ne marquent rien d'antérieur au XVIIe siècle. Tout auprès coule une source d'une onde très pure. Elle a donné son nom à la ferme voisine, qui s'appelle Keridour, c'est-à-dire : maison des eaux. L'on m'a certifié qu'avant la révolution un prêtre habitait là, qui desservait l'autel de saint Nicolas. Or, durant les jours néfastes, il dut fuir en Angleterre. Mais la nostalgie le saisit au cœur : il voulut revenir. Son navire se brisa. Tous les passagers furent engloutis. Parfois le laboureur attardé aperçoit, entre les rochers, une ombre qui gémit et tend les bras vers la mer : C'est le prêtre de Keridour. . . .

. . . .

Et le prêtre de Keridour n'est pas le seul des morts à se montrer ici. Son histoire n'est qu'une humble violette dans le jardin le plus fécond.

Tantôt il s'agit d'une marâtre qui, négligeant les enfants de son mari, voit le fantôme de la véritable mère se dresser auprès d'elle pour la menacer, et, au contraire, doucement lui sourire si les chers petits sont soignés.

Tantôt un jeune homme, afin que l'âme de son père entre en paradis, va faire un pèlerinage à Guingamp. Contrairement à son vœu, il a pris des souliers. Et son père lui apparaît et lui commande de donner ses chaussures à un pauvre.

Tantôt c'est un jeune vicaire appelé près d'un malade pendant la nuit. Quand il revient à l'église rapporter les espèces sacramentelles, ô Dieu! sur l'autel deux cierges sont allumés, un prêtre est tourné vers la nef, la face angoissée. Ce dernier s'écrie avec douleur : « Qui donc répondra ma messe! » Et le jeune vicaire s'approche, et il agite la sonnette rituelle. A l'offertoire, le prêtre dit : « O mon frère, l'on m'avait remis de l'argent pour célébrer le divin sacrifice, et la mort m'a surpris avant que j'eusse acquitté cette obligation. Priez le Seigneur! » Et la messe continue. Au lieu de donner la bénédiction finale, le prêtre dit encore : « O mon frère, vous avez vu des choses ineffables; avant la fin de l'année, vous me rejoindrez au ciel. » Le jeune vicaire ne raconta point cette vision, mais il se prépara au dernier voyage. La prédiction s'accomplit et l'on m'a montré sa tombe près de l'église de Plougasnou[1].

(1) L'église de Plougasnou est un édifice intéressant du XVIe siècle. Elle possède un beau calice de la même époque et une croix processionnelle d'une grande valeur. . . . . .
. . . .

Toute cette première partie est complétée par les articles que nous avons publiés dans la *Revue illustrée des provinces de l'Ouest* (Avril 1895 et n^os^ seq.).

DEUXIÈME PARTIE

LES POÈMES

DEUXIÈME PARTIE

LES POÈMES[1]

Marie Troadec.

Plouézor se trouve entre Plougasnou et Morlaix. Le chant date d'une époque où, les routes de terre étant trop mauvaises, l'on préférait aller à Saint-Jean en bateau. Avant

(1) Nous devons remercier ici plusieurs Plougasniennes : Marie Barron, qui, en son temps, fut la chanteuse la plus émérite du village ; Mlles Marie et Zoé Bourdonnec, qui ont mis à notre disposition leur connaissance du folklore local.

d'arriver l'on rencontrait l'île de Callot, dédiée à la Vierge, et, tout auprès, Enez Konikled, ou l'Ile-aux-lapins.

Marie Troadec disait un jour à ses parents : « Mes parents, si vous m'aimez, ne m'envoyez pas à Saint-Jean. Mon esprit me donne à croire que, si je vais en mer, je serai noyée.

— Il arrivera ce qui doit arriver; vous irez à Saint-Jean-du-Doigt montrer votre enfant au marquis. »

Marie Troadec disait à son enfant, en le prenant au berceau : « Viens, mon fils, que je t'habille encore une fois; regarde bien ton père, car tes yeux ne le reverront plus. »

A peine en mer, le vent s'élève, la tempête souffle et le bateau penche beaucoup.

Elle se mit en prières, son enfant dans les bras.

« Je vois ma mère dans son champ coupant des choux pour préparer le souper. — Notre dernier repas, hélas! mon cher petit, nous allons le faire ici. »

Elle priait encore. Le bateau fut renversé. Tous, grands et petits, furent noyés.

Marie Troadec fut trouvée sous l'île de Callot, et son enfant sous l'Ile-aux-lapins : tenant en main une branche de goémon vert, il chercha à sauver sa vie.

Les cloches de Plouézor et de Carentec seront dérouillées cette année en sonnant le glas des noyés!

Le recteur de Plouézor disait le dimanche au prône de la grand'messe : « Vous serez attristés, habitants de Plouézor, de ne plus voir, quand vous viendrez à la grand'messe, de ne plus voir Marie Troadec, avec ses coiffes de dentelles, son tablier rouge; c'était la plus belle femme du pays. Elle est morte par la faute de ses parents. »

Le Capucin de Tromelin.

Le manoir de Tromelin est en Plougasnou. Les ruines de sa chapelle, habilement recueillies, ont formé le joli sanctuaire du couvent de Pont-Plancouet, dans la même paroisse[1]. — Ce chant est du XVIIe siècle. Inutile de faire remarquer qu'à cette époque, dans une telle partie de la Bretagne, faire cinquante lieues n'était pas une mince affaire. — Une autre version de ce gwers nous montre le jeune étudiant, après un bal, rentrant le soir dans sa chambre. Elle est éclairée d'une douce lumière et un ange lui dit : « Quittez satin et velours; allez au moustoir de Morlaix, puis, un jour, vous laisserez

(1) Tromelin. — C'est là qu'habite un lutin qui brouille les crins des chevaux au point de donner à ces bêtes l'extérieur d'agneaux.

Pontplancouet. — C'est là qu'habite un chien noir, lequel n'est autre qu'un certain chevalier Arthus, qui avait vendu son âme au diable.

la Bretagne. » Avant d'abandonner le pays, le cloarek dit : « Mon père, ne pleure pas, tu n'as pas longtemps à vivre ; toi, ma mère, tu entreras chez les Carmélites. » Et il ne réclame qu'un mouchoir pour pleurer quand il aura manqué une conversion.

J'ÉTAIS dans mon lit, je dormais bien. Étant sur ma couche, parfaitement endormi, je ne rêvais que de biens, quand vint un ange me dire : « Cloarek, réveille-toi, il faut te faire capucin.

Quitte la soie et le velours et prends un habit de bure. Quitte le chapeau à trois cornes et prends un bonnet vieux ; quitte les jeux, et le vin, et le manoir de Tromelin. Quitte les danses et les amusements, afin de te faire capucin pour toujours. »

Le capucin disait à ses frères en quittant la maison : « Quand vous partagerez vos biens, donnez ma part aux pauvres. Ne me réservez qu'une douzaine de mouchoirs pour essuyer ma sueur et mes larmes : ma sueur quand j'irai prêcher dans les pardons, mes larmes pour pleurer ma mère quand elle sera morte.

Adieu, mon père; adieu, ma mère; adieu, mes sœurs, pour toujours. Je n'en dis pas autant à mes frères : ils viendront me voir au couvent. »

La mère du capucin disait un jour en arrivant au couvent : « J'entends mon fils qui chante, il fait le tour de l'église. Tout à l'heure il fera le tour du cimetière. Oh! que mon cœur sera content de le voir! »

Le capucin disait à son père, là, quand il le vit : « Je vous dis bonjour, mon père. Comment va ma mère? — Elle se porte bien, grâce à Dieu. Elle est ici, avec moi ; vous allez la voir.

— Quel est donc l'amour d'une mère pour son fils ! Faire cinquante lieues pour le voir, moi qui n'ai jamais été un enfant soumis, et qui ai fait tant de choses contre sa volonté ! »

Le seigneur de Keradran.

Ce chant nous reporte au temps de la Ligue. Attachée, sous la bannière du duc de Mercœur, au parti catholique, la Bretagne espérait alors recouvrer son ancienne indépendance. — Du moins cette période glorieuse de notre histoire a laissé son empreinte dans plusieurs gwers populaires.

Un vendredi matin, avant le lever du soleil, il arriva grande compagnie à Keradran.

« Nous sommes venus, commandés par le roi, pour vous prendre à coups d'arquebuse, ou à coups de canon s'il faut l'employer. Nous ne partirons aujourd'hui que vous ne vous soyez rendu.

— Tant que dureront mon corps et mes vivres, je défendrai mon château, hardi comme un lion. Tant que j'aurai des munitions et des boulets, je défendrai ma vie, ma famille et mon bien. »

Tous auraient été pris de pitié en voyant la châtelaine de Keradran démonter ses bijoux pour servir de mitraille.

Le seigneur de Keradran ne consentit à se rendre qu'en voyant son épouse évanouie à ses pieds.

« Voici maintenant la fin de ma vie. Ma tête sera coupée et servira de jouet aux enfants. »

L'enfant de cire.

Voici un chant qui nous jette en plein moyen-âge, aux plus beaux jours de l'envoûtement. — Ce gwers antique, d'un vif intérêt, est devenu très rare dans la paroisse où j'ai eu la bonne fortune de le recueillir.

NICOLAS Des Fontaines disait à Monsieur Mesguen, le rencontrant un jour : « Dis-moi d'où tu viens et où tu vas?

— Je vais à la foire de Tréguier acheter des costumes neufs pour ma fille; puis j'irai chez le mercier demander des garnitures pour l'orner.

— Si tu savais ce que je sais, elle n'userait pas ses robes neuves; ses yeux ne les verraient même pas.

Elle a fait un enfant de cire pour te tirer de dessus la terre. Trois fois par jour on le chauffe. Trois fois par jour on le pique d'épingles.

Chaque fois qu'on le pique ainsi, tu es pris de points de côté jusqu'à tomber sur la bouche.

Ton domestique et ta servante, vils courtisans, ont servi de parrain et de marraine à l'enfant. Cinquante écus d'argent et cinquante écus d'or étaient enveloppés en un linge pour remettre au jeune prêtre après qu'il aurait fait le baptême. »

Monsieur Mesguen demandait à sa fille en arrivant : « Ma fille, donne-moi tes clefs.

— J'ai perdu la clef de mon armoire ; la clef de mon coffre est cassée. Je n'ai aucune clef, mon père. »

A peine avait-elle fini de parler, le coffre s'ouvrit de lui-même et l'on trouva l'enfant de cire.

La jeune fille disait à son père : « Mon père, donnez-moi votre bénédiction et permettez-moi de porter moi-même le bois pour me brûler.

— Ma fille, je ne vous accorderai pas cette permission. J'ai des chevaux : le bois sera charroyé. »

Dur eût été le cœur qui n'aurait gémi dans la ville de Tréguier, en entendant les cloches sonner d'elles-mêmes, alors qu'on jetait trois dans le feu : l'enfant de cire, elle, et le jeune prêtre.

Si les habitants de Tréguier avaient voulu fermer la porte de leur église, on n'eût pas baptisé l'enfant de cire, dans une chapelle, à la clarté de la lune.

Les Orphelins de Coetelez.

Il s'agit sans doute ici d'un drame intime de cette vieille famille bretonne de Coetelez qui portait ses armes « de gueules à la teste de limier d'or. » Nous ne saurions dire à quelle année remonte ce gwers. L'événement qu'il raconte n'est-il pas de tous les temps? — Une autre version se termine d'une manière plus tragique : Après la réponse de sa belle-mère, le jeune homme furieux poignarde sa sœur : « Hélas! soupire celle-ci, qu'as-tu fait, malheureux, je suis innocente! » Et lui-même meurt de désespoir.

Chez Monsieur de Coetelez il y a cette année beaucoup de tristesse. La dame est morte et le seigneur s'est remarié. Il avait deux enfants : le fils est parti, la jeune fille est restée à Coetelez.

Un chevalier saluait un jour en arrivant à Coetelez : « Bonjour, joie dans cette maison! Où donc est la fille aînée du seigneur?

— Les filles du seigneur sont dans leur chambre, les unes se parant, peignant leurs blonds cheveux, les autres brodant de fines toiles.

— Ce ne sont pas vos filles que je demande, Madame, c'est la fille aînée du seigneur qui resta orpheline au château.

— Si c'est celle-là que vous demandez, vous demandez une triste créature. Elle est allée laver ses hardes au doué, ses hardes qu'elle avait souillées dans les bois en se promenant avec ses galants.

Prenez ce sentier vert et vous entendrez le bruit de son battoir, prenez ce sentier blanc et vous arriverez prés du doué. »

— « Bonjour, jeune fille auprés du doué! Vous savonnez avec grâce et vous lavez bien blanc! Laissez aller votre linge au cours de l'eau ainsi que votre battoir; venez au fond des bois et vous recevrez le prix de vos effets!

— Je ne laisserai pas mon linge au fil de l'eau, ni je ne veux vous suivre au fond des bois.

— Regardez ma haquenée blanche ferrée d'argent. Elle porte une valise pleine d'or.

— Je me soucie peu de votre haquenée et de votre valise d'or. Je vois mon pére se promenant dans son palais avec sa reine, tandis que sa fille aînée est exposée aux plus grands affronts du monde.

J'ai un frère en pays étrangers. S'il entendait vos propos, il vous couperait par quartiers.

— Si vous voyiez votre frère, le reconnaîtriez-vous?

— Il vous ressemblait. Ses cheveux étaient blonds comme les vôtres.

— Je suis votre frère des pays étrangers. J'étais venu ici pour éprouver votre vertu. »

Dur eût été le cœur qui n'eût pleuré au bord du lavoir s'il avait été présent, en voyant le frère et la sœur l'âme déchirée par la douleur.

La fin du marquis de Guérand.

Louis-François de Guérand mourut dans la seconde moitié du XVIIe siècle. Des traditions encore vivantes nous le représentent comme un seigneur riche, orgueilleux et débauché. L'on dit que sa mère, effrayée de ses actes, faisait sonner le tocsin lorsqu'il sortait du château. L'on ajoute que, malgré ces sages mesures, dans toutes les paroisses environnant le manoir, l'on reconnaît, à leurs cheveux blonds, les innombrables descendants du marquis. — Le chant que nous éditons a dû être composé par un habitant de Plougasnou. Cela ressort de l'élogieuse exception de cette paroisse dans les dispositions testamentaires ; sans doute l'auteur était du peuple, car il attribue la damnation éternelle du marquis à un refus d'abandonner certain droit seigneurial. Peut-être était-ce un clerc aimant la raillerie ; ce gwers, en effet, ne manque point de sel, et son rythme et l'abondance de ses rimes en font l'un des plus beaux chants que j'aie entendus.

I

S'IL vous plaît, écoutez-moi, je chante un gwers nouvellement composé, un gwers fait à Monsieur le marquis.

Le marquis est à Guérand, la marquise est à Guingamp.

Quand le marquis tomba malade, on prévint sa femme de venir le voir promptement avant qu'il quittât le monde.

La marquise disait bonjour à Plouegat en arrivant : « Bonjour, gens de Plouegat, comment va Monsieur le marquis ?

— Madame, excusez-nous, nous n'avons pas été prendre de ses nouvelles ; nous n'avons pas été le voir depuis que vous êtes sortie du château. »

La marquise disait bonjour au Guérand, en arrivant : « Bonjour, gens du Guérand, comment va Monsieur le marquis ?

— Madame vous nous excuserez ; nous n'avons pas été le voir depuis que vous avez fui le château. »

La marquise souhaite le bonjour à son mari en le voyant : « Bonjour, mon époux, me voici venue vous visiter. Vous êtes bien affligé par la maladie?

— Oui, oui, Madame, j'ai le désespoir dans le cœur, j'ai du mal d'esprit en songeant à laisser ce monde.

Depuis plus de vingt-cinq ans vous n'étiez pas auprès de moi, vous ne veniez plus au Guérand ; mon Dieu ! que j'ai été tourmenté, pensant que je pouvais quitter la terre sans vous revoir, ma pauvre épouse!

— Mon époux, dites-le-moi, où est le mal dont vous souffrez? Où est-il? On trouvera des chirurgiens pour le guérir.

— Ce n'est pas un chirurgien que je cherche, c'est un prêtre que je demande, pour confesser mes péchés avant que de souffrir la mort. »

Dur eût été le cœur qui n'aurait pleuré, se trouvant au château, entendant le seigneur et la dame se demandant un mutuel pardon, entendant l'un et l'autre demander pardon à Dieu.

— « Pardonnez-moi, mon époux, je vous avais abandonné. Dans tout le monde vous étiez délaissé à cause de moi.

— Mon épouse, si vous m'avez quitté, c'est moi qui en suis la cause. Pardon des méchancetés que je vous ai faites si souvent.

— Oui, mon époux, je vous pardonne et de tout mon cœur. Demandez pardon à Dieu et le paradis pour votre âme.

— Maintenant, mon épouse, si vous êtes contente, je vais faire mon testament.

— Faites le testament que vous voudrez ; s'il peut être exécuté, il le sera. »

II

« Tenez, mon épouse, voici les clefs. Allez voir mon trésor. Allez voir mes trésors, vous ne les avez pas vus depuis longtemps. »

La dame resta étonnée en ouvrant la chambre blanche, en voyant quatre barriques d'argent blanc et quatre autres d'or jaune.

La dame resta étonnée en ouvrant le cabinet, en voyant l'argent et l'or que l'on avait ramassés au Guérand.

La marquise dit à son époux : « Courage, mon époux, faites le testament que vous désirez. Et, quand il y irait cinquante mille écus, on fera selon vos désirs. »

Le premier testament qu'il fit fut d'offrir son âme à Dieu, son corps à la terre bénite dans l'église ou dans le cimetière.

« Il y a dix-huit domestiques dans ma maison. Je leur donne à chacun un costume noir pour tous les jours, un habit gris pour porter le deuil du marquis.

Tous les pauvres de la trève auront chacun un costume neuf en toile grosse, (comme c'est l'usage parmi les pauvres), afin qu'ils prient Dieu, puisque je vais devant Sa Majesté.

J'offre cent écus à Notre-Dame de Kernitron pour donner des forces à mon cœur; qu'elle présente mon âme à Dieu quand je paraîtrai devant Sa Majesté!

Cent écus à Monsieur Saint Laurent du Pouldour; cent écus à Monsieur Saint Cadou; cent écus à Saint Isti; cent autres à Liguvili; cent écus à Monsieur Saint Carré, dont la Chapelle est au bord de la Lieue-de-Grève.

Je donnerai cent écus à Saint Efflam en l'honneur de la Vierge et de sa Mère. Qu'elles aient pitié de mon cœur quand il se présentera devant Sa Majesté!

Cent écus à la Chapelle de Saint-Michel-en-Grève, en l'honneur de la Vierge;

cent écus à Lannion; et cent autres à Saint Thuon.

Je donnerai cent écus à Plouber et cent autres à Tréguier, en l'honneur de Monsieur Saint Pierre, du Paradis vrai portier.

Je donnerai cent écus au Pontou et cent autres à Saint Cadou; je donnerai cent écus à Plouyniau, en l'honneur de Monsieur Saint Ignau. Je donnerai cent écus à Plourin et cent écus à Guerlesquen.

A Plougonven je donnerai cent écus et cent autres à Relecq. Je donnerai cent écus à Morlaix et cent écus à Saint François.

Je donnerai cent écus à Ploujean et cent autres à Garlan.

A Plouezoc'h je donnerai un testament qui sera plus beau. Je donnerai à toutes les communes environnantes, excepté à Plougasnou, dans laquelle je ne suis jamais entré.

Cent écus à Saint-Jean-du-Doigt pour aider à réparer l'église. Je donnerai cent écus à Guimaec'h et cent écus à Locquirec, et des orgues aux Plestinais pour décorer leur église, afin qu'ils se souviennent de Monsieur le marquis.

Je donnerai cent écus à Lanmeur pour la nef de l'église et son sanctuaire. Je donnerai cent écus à Plouégat[1].

Entre Morlaix et le Guérand, je compte

(1) La Ballade du marquis de Guérand aurait besoin d'être accompagnée d'une carte géographique!

Cent écus à Saint-François. — Il s'agit d'un couvent de Morlaix.

Saint Ignau (ou Igneuc, ou Ignoroc). — J'ai observé que les personnes du pays, dites lettrées, confondaient saint Ignaw avec saint Ignace de Loyola!

cent-une marquises ; entre le Guérand et le Guerlesquen mille et une. Je donne à chacune d'elles plus de cent écus pour les contenter, et qu'il leur plaise de me pardonner. Je leur ai été occasion de faute.

Ma chère femme, si vous voulez exécuter ma volonté, un nouvel hospice sera bâti où il y aura désormais douze pauvres[1], avec un bon prêtre pour les instruire, et tout ce qui leur sera nécessaire. »

Il y avait un pauvre métayer qui vint lui demander la permission de ne pas faner son foin[2].

Monsieur le marquis répondit à son pauvre métayer quand il l'entendit :

(1) Une variante dit : vingt-huit lits.

(2) *Littéralement* : lui demander de lui pardonner, s'il y avait moyen, son droit de faire-faire du foin.

« Cela, je ne le ferai pas, ni à vous, ni à aucun autre. Je ferais tort à mon fils et cela le déshonorerait. »

Quand il eut fini son testament, il mourut aussitôt. Que Dieu pardonne au trépassé! son corps est sur les tréteaux!

III

L'enterrement est fait, le service continué.

Vingt-cinq jours après, le marquis revint sur la terre.

Le marquis revint marchant dans un carrosse doré. Trois chevaux noirs des plus beaux le portaient, ferrés d'argent blanc avec des brides d'or.

Personne ne put dormir ni jour, ni nuit, avec le tapage qu'il fit.

Il est entré dans la maison avec son carrosse et ses chevaux. Il a fait tomber le vaisselier ; tout ce qu'il contenait a été brisé. Pour plus de trois cents écus il en a été cassé.

Les prêtres d'alentour s'étaient tous réunis là, espérant pouvoir le prendre. Il leur échappait toujours.

Dur est le cœur qui n'aurait pas pleuré, se trouvant au Guérand et voyant les prêtres enlever leur soutane. Comme la rosée, leur sueur coulait, en cherchant à retenir le marquis.

Au moment où celui-ci passait, un jeune prêtre lui dit comme ceci : « Je te trouve bien glorieux, Monsieur, pour des brides d'étoupe que portent tes chevaux !

Tu n'as pas besoin de courir, tes chevaux sont bridés d'étoupe! tes chevaux ont des brides d'étoupe et sont ferrés de morceaux de bois! »

Monsieur le marquis, quand il l'entendit, arrêta le carrosse et sortit la tête par la portière : « Qu'est-ce que tu dis, répondit-il, ces brides sont dorées!

Des brides dorées d'entre les plus belles sont à la tête de ces chevaux et de l'argent blanc pour les ferrer. »

Il n'avait pas fini de parler qu'on lui passa l'étole au cou.

On lui passe l'étole au cou. Quatorze prêtres en une bande, quatorze des meilleurs cherchent à le retenir.

Mais ils sont entraînés, pendant sept lieues et demie par le carrosse et les chevaux.

Lorsqu'ils l'ont saisi, ils lui demandent : « Monsieur le marquis, dis-nous, pourquoi reviens-tu sur la terre? Comment se fait-il que tu sois ici nuit et jour? »

Le marquis répond au jeune prêtre, quand il l'entend : « Lorsque j'étais sur le point de quitter ce monde, on me demanda de décharger mes métayers de la corvée de faire le foin.

Si je leur avais pardonné, j'aurais été pardonné par Dieu. Et maintenant, ne l'ayant pas fait, c'est la cause de ma damnation. »

Le jeune prêtre demande au marquis : « Monsieur le marquis, dis-moi où nous te déposerons à présent. Je te donnerai trois places à choisir : là, dans l'étang; dans la grande mer, ou bien dans les bois où jamais chrétien n'approchera de toi. »

Monsieur le marquis répond au jeune prêtre, quand il l'entend : « Envoie-moi où tu voudras, là dans l'étang, près de ma maison, où j'entendrai les canards lorsqu'ils viendront se laver. »

On l'a mis dans l'étang où il l'avait désiré. Maintenant il est dans l'étang sous un arbre de chêne, sous un arbre de chêne où nul chrétien ne l'approche.

Le jeune prêtre disait à Monsieur le marquis en l'exorcisant : « Tu auras à déchanter, toi, Monsieur le marquis, tu ne pourras plus faire à ta guise. »

Mais le jeune prêtre épuisé mourut au bout de trois jours.

Que Dieu ait pitié du trépassé ! son corps est sur les tréteaux !

L'on a porté son corps au tombeau. Que Dieu reçoive son âme !

Kervegen et Les Tourelles.

L'action narrée dans ce chant est sans doute un drame qui avait ému le pays. Mais nous ne saurions dire si les noms de Kervegen et de Tourelles sont historiques.

KERVEGEN et les Tourelles sont amis depuis longtemps, sont amis depuis longtemps.

Ils sont allés tous les deux faire la cour à une héritière au bord de Saint-Michel-en-Grève.

Le seigneur de Kervegen dit un jour au seigneur Des Tourelles : « Mon ami, rendez-moi le service de demander la jeune fille pour moi. »

Monsieur Des Tourelles dit, quand il vit l'héritière : « Bonjour aux habitants du lieu où se trouve l'héritière !

Je suis venu ici la solliciter pour Monsieur de Kervegen. »

Le père de l'héritière, dès qu'il l'entendit, répondit à Des Tourelles : « Si vous la demandiez pour vous-même, vous ne seriez pas refusé. »

L'héritière ajouta : « Des Tourelles je préfère à Kervegen avec tous ses biens. »

Monsieur Des Tourelles dit à Kervegen : « Excusez-moi, mon ami, j'ai été refusé. »

Alors Kervegen lui répondit : « Depuis longtemps j'avais entendu dire que Des Tourelles était un traître !

— Excusez-moi, Kervegen, je n'ai jamais été un traître ! »

Et Kervegen le regarda en souriant, pendant que son domestique l'assassinait par derrière.

La demoiselle Des Tourelles disait à son cuisinier ce soir-là : « Hâte-toi de mettre la broche devant le feu ; mon frère ne tardera pas à venir souper.

Mon frère arrive avec le seigneur de Kervegen pour souper ensemble.

— Pauvre demoiselle, vous vous trompez. Votre frère Des Tourelles vient d'être tué.

— Attelez vite les chevaux au coche. Il faut que je sois sur la Lieue-de-grève, ce soir. »

La demoiselle Des Tourelles disait en approchant de la Lieue-de-grève : « Je vois mon frère sur le sable, la mort est sur lui qui le presse. »

Dur eût été le cœur qui n'aurait pleuré sur la Lieue-de-grève en voyant la demoiselle Des Tourelles embrassant un corps sans vie.

— O mon pauvre frére Des Tourelles, le plus noble gentilhomme des environs, dussé-je vendre ma coiffe sur ma tête, je ferai faire le procès de Kervegen. Kervegen sera détruit.

L'héritière ajoutait : « Maintenant que Des Tourelles est mort, je n'épouserai jamais Kervegen. »

Iannik Hery.

Sans doute, le thème de ce sône n'est point nouveau, mais combien il est délicieux de sentiment chaste et profond ! — Le héros, par son nom même qui est un gracieux diminutif, par sa captivité au milieu des pirates, par son sacrifice pour ses parents et pour Dieu, est nimbé d'une douce auréole. — L'air est d'une mélancolie pénétrante, un de ces airs bretons qui ont des modulations de plain-chant, et qui semblent tamisés par les vitraux de l'église pour s'épandre dans le petit cimetière voisin.

Je ne puis pas étudier. Le bruit des rouets, le chant des jolies filles me trouble.

Le rouet le plus rapproché de la porte est le rouet de ma douce Marie Le Priol.

Iannik Hery disait à Marie Le Priol en la rencontrant un jour : « Je vais en Espagne chercher fortune; à mon retour je vous épouserai. »

En mer, il fit une fatale rencontre. Le grand roi des Turcs : « Iannik Hery, dites-moi, d'où venez-vous; où allez-vous?

— D'où je viens, où je vais, peu vous importe.

— Iannik Hery, tu as eu tort de me répondre ainsi, tu viendras avec moi en Turquie et tu travailleras comme un chien. Tu laboureras la terre, tu porteras des fardeaux comme les chevaux de ton pays. »

Et Marie Le Priol dit un jour à ses parents : « Je ne puis lire mes heures, à cause du bruit du canon. C'est sans doute le navire qui ramène Iannik Hery.

— Ma pauvre Marie, vous vous trompez. Ce n'est pas Iannik Hery! Il est prisonnier en Turquie. Il ne reverra le pays que si vous allez donner sa rançon. »

A ces mots, Marie Le Priol prit de l'or et de l'argent et partit pour la Turquie.

En arrivant au palais du roi, Marie Le Priol demanda Iannik Hery.

« Il travaille en ces champs, comme les chevaux de votre contrée.

— Mettez Iannik Hery en une balance; je vous donne son poids de senens[1] et assez d'or et d'argent pour vous contenter. »

Le Grand Turc questionna alors la jeune fille : « Que vous est donc Iannik

(1) Senens — ce mot désigne un métal d'une certaine valeur; de l'étain? — Je n'ai rencontré cette expression que dans les chansons populaires.

Hery, que vous veniez de si loin payer sa rançon ?

— C'est mon frère aîné... Je n'ai pas d'autre frère !... »

Un jour Iannik Hery sollicita de ses parents leur bénédiction et la permission d'épouser Marie Le Priol.

« Non, mon fils, vous devez être prêtre ; votre costume de prêtre est acheté. »

Iannik Hery disait à Marie Le Priol, la rencontrant un jour : « Marie Le Priol, si vous m'aimez, ne venez pas à ma première messe.

— Si, j'irai à votre nouvelle messe, et je donnerai cent cinquante écus en argent [1] et je communierai de votre main.

(1) Après la première messe, on faisait un repas solennel, pendant lequel circulait un plat où chacun déposait son offrande pour le mobilier du jeune prêtre.

Puisque vous êtes prêtre, je serai religieuse; nous quitterons ainsi le monde tous les deux. Tant que je vivrai, j'aurai un souvenir pour vous. Et vous, à chaque messe, dites une prière pour moi. »

Le cloarek de Garlan.

Nous avons entendu une autre version du cloarek de Garlan. Elle ne diffère de celle-ci que par deux strophes supplémentaires, qui, après la menace du marquis, nous attendrissent sur le sort d'Annaïk et de son ami en donnant leur description. Il existe encore une troisième version, beaucoup plus développée, et publiée par M. de la Villemarqué. Mais elle est inconnue à Plougasnou. — A propos du mot « cloarek », nous ferons remarquer qu'on a tort de le traduire par « séminariste ». Le cloarek c'est l'écolier, non point l'enfant imberbe de nos jours, mais le grand jeune homme qui étudie, le plus souvent avec l'espérance d'entrer dans le clergé. C'est ainsi qu'aujourd'hui même, dans le Finistère, au collège de Pont-

Croix, les élèves n'achèvent guère leur rhétorique avant vingt et un ans, puis alors se présentent au séminaire.

BONJOUR et joie dans cette maison! Où se trouve Annaïk, par ici?

— Elle est couchée en haut; elle n'ira pas à l'aire-neuve. »

Le cloarek, sitôt qu'il l'entendit, monta rapidement l'escalier.

« Lève-toi, Annaïk, quitte ton lit et allons à l'aire-neuve.

— Je n'irai pas à l'aire-neuve. Le marquis me poursuit.

— Il poursuivra qui il voudra, nous irons à l'aire-neuve, et, s'il y a des sonneurs[1], nous danserons. »

(1) *Joueurs d'instruments.* — On donne aussi ce nom aux bardes bretons. — Ronsard appelait « gentil sonneur » certain *sonettatore* de son temps.

Le marquis demandait en approchant de l'aire-neuve : « Dites-moi, avez-vous vu le cloarek?

— Excusez-moi, Monsieur le marquis, je ne sais qui vous demandez.

— Je ne puis vous excuser. Vous savez bien que je demande le cloarek de Garlan.

— Si c'est lui que vous désirez, il vient de passer avec Annaïk Kalvez. »

Entendant cette réponse, le marquis éperonna son cheval, descendit à l'aire-neuve.

« Cloarek, retire tes habits, que nous allions disputer les gages.

— Je ne puis les disputer avec vous. Vous êtes le fils de la marquise de Guérand et moi le fils d'un paysan.

— Tout fils de paysan que tu es, tu sais choisir les plus belles filles.

— Excusez-moi, Monsieur le marquis, je ne l'ai pas choisie, c'est Dieu qui me l'a donnée.

— J'ai une épée longue et affilée qui coupera bien tes rubans, cloarek! »

Annaïk revint chez elle, disant à sa mère : « Faites-moi mon lit, faites-le bien doux, car je ne me relèverai pas.

— La fille, vous avez trop dansé, c'est ce qui vous rend malade.

— Je n'ai pas trop dansé, ma mère, mais ils ont tué mon pauvre cloarek. Allez dire au fossoyeur qui creusera sa tombe de ne pas la refermer.

Je veux être réunie à lui. Nous partagerons le même tombeau, n'ayant pas eu la même couche. »

Le retour de l'Oublié.

Un chevalier revient d'un lointain voyage. Mais son absence a été longue. Au pays on l'a cru mort et son épouse s'est remariée. Enfin il arrive. Scène de la reconnaissance.

Peut-être cette petite pièce appartient-elle à un cycle de retours de croisades? Dans ce cas, notons-le bien, elle a été modifiée sous diverses influences, à plusieurs reprises, avant de passer dans la langue moderne.

Notre traduction ne fait point sentir le charme du texte original. Tel détail que nos expressions françaises rendent vulgaire est cependant plein de poésie en breton.

QUAND j'étais à Kéridon, allant sur le dos de mon cheval, j'entendais les sonneurs sonnant gaiement à vos noces;

j'entendais les sonneurs sonnant gaiement à vos noces.

« Ouvrez-moi la porte, mon épouse! — Je n'ouvrirai pas la porte et je suis au lit couchée près de mon époux.

— Ouvrez-moi la porte, mon épouse! J'ai les mains glacées à tenir la bride de mon cheval et mon poignard doré.

Ouvrez-moi la porte, mon épouse! Je vous apporte ce que vous désiriez : une quenouille d'ivoire et une attache dorée.

— Je n'ouvrirai pas la porte encore. Allez à Kéridon coucher chez mon pére. Demain, au jour, j'irai vous y voir et je vous porterai du repas de noce : une bouteille de vin rouge et une bouteille de vin clairet.

— Je n'irai pas à Kéridon coucher chez votre père. Demain, au jour, vous ne viendriez pas me voir et vous ne m'apporteriez pas la part que vous me promettez de votre festin.

Ouvrez-moi la porte, mon épouse! Mon cheval et mes pages me suivent, portant un panier contenant quatre perroquets, un cadeau qui vous était destiné, si vous vous reconnaissiez mon épouse.

— J'ouvrirais la porte, dussé-je être tuée, si j'étais certaine que vous fussiez mon premier époux.

Si vous êtes mon premier époux, comme vous le dites, rappelez-moi quelque circonstance de notre mariage.

— Ne vous rappelez-vous pas, ma femme, le pardon de Yaudet? Nous étions seuls tous les deux dans le cimetière.

Ne vous rappelez-vous pas la bague de promesse que je vous passai alors au doigt?

Avez-vous oublié le diamant que je vous mis au doigt à la Table sainte!

Avez-vous oublié, mon épouse, que le jour de votre noce vous étiez au bout de la table[1] vis-à-vis de mon frère le prêtre? »

Elle ouvrit sa porte, l'embrassa et mourut entre ses bras. Leur cœur à tous deux fut brisé et celui de l'époux resté couché.

(1) Encore aujourd'hui, dans certaines parties de la Bretagne et de la Normandie, d'après les usages matrimoniaux, le père et la mère se placent au milieu de la table entourés des principaux invités, tandis que les époux sont mis à une extrémité de cette même table, ayant près d'eux les garçons et les filles d'honneur.

Jeanne Hélari.

Elle a épousé « un homme de mer ». Mais celui-ci, après quelques années passées à terre, soupire après les aventures de la vie maritime. Il nolise un superbe navire. Hélas! un jour Jean L'Arc'hantec est pris. Un marché honteux le sauverait. Mais le fier Breton se révolte à cette seule pensée, et il charge ses compagnons en liberté de ses derniers adieux à Jeanne Hélari.

JEANNE Hélari, la fille de sa mère, la plus jolie femme qui marche à Dinan, n'ose lever la tête, tant sont nombreux ses prétendants.

Les gentilshommes et les barons la voudraient pour femme.

Ce n'est pas un gentilhomme qu'elle a préféré : elle a fait un meilleur choix;

elle a pris un homme de mer, et son nom est Jean L'Arc'hantec.

Jean L'Arc'hantec disait à sa femme, peu après leur mariage : « Ma chère Jeanne, si vous m'aimez, laissez-moi construire un nouveau navire pour aller combattre sur mer.

Nous le nommerons *La Marie ;* je le commanderai, et nos jeunes gens y embarqueront comme matelots. »

Jeanne Hélari chantait en se rendant à la grève, mais en revenant elle pleurait, s'étant séparée de *La Marie,* où demeurait Jean L'Arc'hantec.

Comme ils allaient sur mer, ils firent une mauvaise rencontre : un grand d'Espagne avec sept navires espagnols.

Jean L'Arc'hantec, quand il les vit, monta sur le pont en corps de chemise, et dit à ses matelots : « Mes matelots, si vous m'aimez, ne soyez pas traîtres, et, malgré le nombre, nous resterons vainqueurs. »

En dépit de leurs serments, les matelots furent traîtres, et Jean L'Arc'hantec dut se rendre.

Le grand d'Espagne demande à Jean L'Arc'hantec de quoi est chargé son navire.

« Je suis chargé de figues, de noix et d'amandes, viens les goûter à mon bord. »

Alors le grand d'Espagne disait à Jean L'Arc'hantec, à bord de son navire : « Lorsque je fus sur les pavés de Rouen, tu me traitas avec beaucoup de dureté : cinq sous de pain pour le souper de sept hommes !

Il est temps, Breton[1], que tu demandes ta Bretagne !

— Quand tu étais sur les pavés de Rouen, je pouvais te tuer près du foyer, chaque soir, mais je te respectai par-dessus tout.

Et maintenant tu trempes ma chemise de sang des pieds à la tête. Si j'étais près de ma femme, Jeanne Hélari, elle en ôterait ces taches vermeilles !

— Jean L'Arc'hantec, tu as une fille blanche comme la neige ou comme le lait que l'on verse dans les vases ; ses joues sont fraiches commes les roses.

Si tu me la donnes, je te ferai un cadeau précieux. Je t'accorderai le droit de marcher sur mes terres à l'avenir. »

(1) L'expression populaire française serait : *Tu es en mauvaise passe.*

Jean L'Arc'hantec se redressant répondit : « Peu importe ce qui m'arrivera, je ne vendrai pas mes enfants. »

Jean L'Arc'hantec disait à ses matelots : « Mes marins, mes chers marins, vous retournez à la maison, je reste ici. Faites mes compliments à ma femme quand vous la rencontrerez.

Dites-lui, si elle veut prendre un nouvel époux, de choisir un cultivateur. Hélas! son homme de mer va lui manquer!

Dites-lui de marier sa fille de bonne heure, de faire un prêtre de son fils aîné, d'envoyer le jeune à l'école et de l'éloigner de la mer[1].

(1) En mot à mot : envoyer le jeune à l'école pour qu'il n'apprenne pas le métier de la mer.

APPENDICE

I. — Cantique de Sainte Agnès.

Aux fêtes de plusieurs Bienheureux, le peuple allume un feu de joie, et clame, en l'honneur du Saint, quelque long cantique. Pendant le chant, deux anciens balancent une jeune fille, neuf fois, sur la flamme; car cela porte bonheur. Cette coutume s'effrite d'année en année.

C'est pour l'une de ces solennités populaires qu'a été composé le cantique de Sainte Agnès. Il est interminable et d'une étrange brutalité d'expression. Cependant on l'exécute et on l'écoute avec le respect le plus religieux.

Voici le début : « Entre jeunes gens qui aiment la pureté, cette vertu angélique qui plaît tant à Dieu, écoutez la vie de sainte Agnès; malgré les efforts du diable elle est morte vierge. »

II. — Le gwerz du Loup-garou[1].

N'ayant pu écrire ce chant en entier, tel que je l'avais entendu, j'en donnerai seulement une brève analyse. Le refrain est celui-ci : « Terrible! Épouvantable! Chrétiens, respectez les morts! »

Pendant la semaine sainte, trois jeunes hommes se déguisent avec une peau de loup, vont au cimetière enlever trois têtes de morts, festoient honteusement, puis rapportent à l'ossuaire ce qu'ils ont pris. Mais, dans un accès de débauche, l'un d'eux s'écrie : « Têtes de morts, je vous invite à souper demain soir. » Et le lendemain, à l'heure indiquée, le malheureux entend frapper à sa porte et voit trois squelettes entrer. En même temps des flammes sortent de terre et il est englouti dans le feu éternel. De plus, à cause de leur impiété, les

(1) D'après Rabelais, le loup-garou est un géant « tout armé d'enclumes cyclopicques. »

deux autres adolescents sont condamnés à errer, tous les soirs, dans les chemins creux et à travers les landes, sous le déguisement qu'ils portaient au jour de leur folle orgie. On les appelle « les loups-garous[1] ».

III. — Le gwerz de Saint Julien.

De même que pour le chant précédent, et à cause des mêmes raisons, je n'en écrirai ici qu'un court résumé.

Voici d'abord la légende de ce Bienheureux, telle qu'on me l'a contée dans la forêt de Rennes.

Étant adolescent, Julien se montrait d'une opiniâtreté intraitable. Bien que fils des plus grands seigneurs, il ne voulait avoir pour compagnons que les enfants des bûcherons de la forêt de Rennes. Son grand plaisir était la chasse. Or, un jour, en poursuivant une biche,

(1) Pour l'histoire populaire du loup-garou en Haute-Bretagne, voir E. Herpin, *La côte d'Émeraude*, p. 456.

il atteignit la cabane d'un pieux solitaire où s'était réfugié l'animal fugitif. Le moine abritant de sa robe la pauvre biche, le chasseur entra dans une fureur sans nom. « Prenez garde, dit le saint homme, la colère est un vice qui ferait tuer père et mère! » Julien, effrayé de ces paroles, n'osa rentrer chez lui. Ses parents l'ayant attendu deux mois, se mirent en voyage pour le trouver. Sur leur route, ils entendirent parler d'un jeune étranger qui passait son temps à chasser les loups et les ours. « Sans aucun doute, c'est notre fils, pensèrent-ils. » On leur indiqua sa retraite. Ils n'y rencontrèrent personne; mais, comme le soir était venu, ils s'endormirent. A minuit, Julien arrive. Il entend le bruit de la respiration. La colère le saisit, et, de son poignard, il tue les hôtes inattendus. Au matin il reconnaît les visages. Alors, dans sa douleur, il se retira dans la cabane du vieil ermite qui venait d'expirer, distribua ses biens seigneuriaux aux couvents, aux pauvres et aux enfants, fit une confession publique, demanda des prières pour son âme et celle de ses parents, mena une vie de pénitence. Sur sa tombe les miracles se multiplièrent (1).

Le chant de Plougasnou commence ainsi : « Saint Julien, l'homme vaillant, de lignée riche et puissante, eut un jour fantaisie de tuer son père. » Sauf les modifications indiquées par ce début, la légende est la même (2).

(1) Ne dirait-on pas la légende grecque d'Œdipe christianisée ?

(2) A l'entrée de la forêt de Rennes se trouvait le château de Boisorcant, dont il reste encore quelques belles parties. Sa chapelle était consacrée à saint Julien. On a conservé une curieuse statue en bois de ce bienheureux patron.

Mme Elvire de Cerny m'envoie une description d'une vieille boiserie enlevée à l'église d'Irodouër et représentant le crime de saint Julien. « On y voit sculpté un grand lit dans lequel reposent deux bonnes gens. L'homme est coiffé d'un bonnet de coton ; la femme porte une coiffe à grands tuyaux rabattus sur le front. Un homme, debout près du lit, tient au-dessus de la tête des vieillards son bras droit armé d'un coutelas. Une table de nuit, à demi renversée, laisse voir à terre un chandelier et... la chose devient délicate... certain vase d'où s'échappe un véritable fleuve. »

IV. — Le gwerz de Judas.

« Approchez tous et vous entendrez. Écoutez : Un ménage reçut la visite d'une femme; cette femme dit : vous aurez un enfant; cet enfant sera beau comme le soleil, mais il causera votre honte, votre déshonneur; ce sera un grand criminel. » Voilà pourquoi une mère prit la résolution de tuer son prochain fils. Celui-ci étant né, sa beauté, « semblable à celle du jour », éblouit ses parents : on n'eut pas le courage de le détruire. Toutefois on construisit une petite barque en jonc, l'on y déposa l'enfant et on l'abandonna au gré d'un fleuve. Il arriva que, poussé par un courant, le panier s'arrêta dans un bouquet de roseaux. Des passants aperçurent la chose; « ils recueillirent le petit qui leur souriait ». Le roi du pays ayant appris l'événement, demanda le jeune délaissé, fut charmé de sa bonne mine, et comme il n'avait pas d'héritier, il le fit élever magnifiquement avec l'intention de lui laisser son royaume.

L'enfant fut nommé Judas. — Mais changement de tableau : Judas vole l'argenterie des dames de la cour ! Il est chassé. Bientôt il pénètre dans les jardins pour dérober les fruits. (Détail : on s'aperçoit à cette époque que le voleur a deux orteils à chaque pied.) Enfin présenté à Jésus, il fait partie de la troupe apostolique. Son avarice ne tarde pas à se manifester, et il vend le Maître pour trente écus. Il passe avec les autres Juifs devant le crucifié. A ce moment le remords le saisit et il se pend à un sureau.

V. — Les souhaits du premier de l'an.

Ils sont rythmés, quelquefois chantés. Nous donnerons en premier lieu la formule solennelle, puis celle qui est employée par les enfants.

1° « Je vous souhaite une bonne année, et, beaucoup plus, le paradis à la fin de vos jours. — Bonne année à toutes les personnes qui sont en cette maison ; aux jeunes gens, heureuse aventure; aux vieillards, santé et bonheur; le paradis à la fin de vos jours! »

2° « Je vous souhaite une bonne année; donnez-moi une miche de pain blanc, mais je vous demande surtout de l'argent pour avoir une bouteille de vin clairet[1] ».

Cette façon d'offrir ses vœux de nouvel an n'est plus usitée d'une façon générale. Aujourd'hui, dans ces circonstances, l'on emploie le français.

VI. — NOEL.

Les vieilles coutumes de Noël ont complètement disparu de Plougasnou. Cependant, il

(1) De ces deux formules j'en rapprocherai deux autres qui sont en cours dans la Haute-Bretagne.

1° Je vous souhaite une bonne année,
A vous et à toute la maisonnée,
Et le paradis à la fin de vos jours.

2° Je vous souhaite une bonne année
couleur de rose,
Fouillez dans votre poche et donnez-moi
quelque chose.

y a déjà nombre d'années, Mme Elvire de Cerny apprit d'un vieillard un Noël de trois couplets. Elle n'en a retenu que le refrain suivant :

Donni, Donna,
Deuz ar guy, donni
guy donna,
Ni hon bôa eunn dra.

Nous citons le texte breton, la traduction ayant été une source de discussions entre nos amis.

Nous croyons devoir nous en tenir à cette simple interprétation : « Donni, donna ; ils portent du gui ; donni guy donna ; nous avons eu quelque chose. »

VII. — Locutions populaires avec gwerz correspondant.

1° Quand les nuages revêtent leurs formes les plus fantasmagoriques, l'on dit : « C'est saint Hervé qui passe porté par des aigles ». —

2° Quand l'orage retentit à travers le ciel, l'on dit : « C'est la chasse du roi Arthur qui passe ». — D'après les renseignements qu'on nous a fournis, à chacune de ces locutions populaires correspond un gwerz racontant certains épisodes de la vie de saint Hervé ou les chasses fantastiques d'Arthur.

. . . .

A Plougasnou, j'ai entendu le *Leiz-Breiz*. Mais je l'ai trouvé bien mutilé, ou, diraient des critiques, bien différent du poème restauré par M. de la Villemarqué, dans le *Barzaz-Breiz !*

Ajoutons que beaucoup de chants plougasniens sont perdus. Jadis, quand on demandait une jeune fille en mariage, on payait un habile rimeur pour favoriser la conquête. Les Muses s'en réjouissaient, car elles entendaient alors des sônes délicieux... Je vous parle du passé !

VIII. — Dictons.

Celui qui n'obéit pas au gouvernail obéira sûrement aux rochers.

Trois choses impossibles à Dieu : enlever les pierres de Berrien, aplanir Brospartz, déraciner les fougères de Plouïer.

IX. — Devinailles.

Dur est le dos, dur est le ventre, mous les côtés; un bec au *réor*, deux cornes en tête. (Un soufflet.)

. . . .

Je cite l'exemple le moins cru. La langue bretonne n'est pas prude. On peut dire d'elle ce que Boileau a dit du latin.

TROISIÈME PARTIE

LES CONTES

TROISIÈME PARTIE

LES CONTES[1]

I

L'héritage du jeune homme.

Leur père et leur mère étant morts, un garçon et une fille eurent pour héritage une vache noire.

(1) Tous ces contes m'ont été dits par deux enfants de Plougasnou : Étienne Réguer, âgé de treize ans, et Louis Kergoat, âgé de douze ans.

Tous les jours le garçon allait paître l'animal.

Une fois, un chasseur se présenta qui avait deux chiens, un fusil et un sifflet; il demanda d'échanger ces objets contre la vache noire.

L'enfant accepta joyeusement.

Mais, lorsqu'il fut revenu à la maison, sa sœur le gronda. Elle lui dit : « Comment ferons-nous maintenant pour nous nourrir? Plus de lait! plus de beurre! »

Son frère répondit : « Eh bien! j'irai à la chasse! »

Et il se mit à chasser.

Étant arrivé près d'une garenne, il ordonna à ses chiens d'apporter un lièvre, ce qu'ils accomplirent aussitôt. Il rentra donc fort joyeux chez lui, disant à sa sœur : « Voici du gibier à cuire! »

Et il retourna chasser.

Étant arrivé près d'une autre garenne, il ordonna à ses chiens d'apporter deux lièvres, ce qu'ils accomplirent aussitôt. Il rentra donc fort joyeux chez lui, disant à sa sœur : « Voici du gibier à cuire! »

Et il retourna chasser.

Étant arrivé près d'une nouvelle garenne, il ordonna à ses chiens d'apporter trois lièvres, ce qu'ils accomplirent aussitôt. Il rentra donc fort joyeux chez lui, disant à sa sœur : « Voici du gibier à cuire! »

Puis il ajouta : « Décidément je suis lassé. Pendant que je vais me reposer un peu et manger, prends ces trois lièvres et cours les vendre au presbytère. »

Elle obéit; mais, passant devant l'épicier du bourg, elle ne put résister à la tentation et dépensa son argent en friandises. Elle raconta la chose à son frère. Celui-ci, furieux, s'écria : « Je ne saurais vivre avec une sœur aussi sotte. Je m'en vais parcourir le monde ! »

Et il partit, emportant son fusil et son sifflet et précédé de ses deux chiens.

Après une longue marche, il arriva près d'un rocher. D'un premier coup de fusil, il le sépara en deux ; d'un second coup, il y forma une grotte profonde. Alors il ordonna à ses chiens de se reposer en cet endroit et de garder son arme à feu. Ensuite il se rendit chez le roi de la contrée.

Il demanda : « Avez-vous besoin d'un domestique ?

— Oui.

— Eh bien ! je m'engage !

— Bon ! mais retenez qu'ici les serviteurs risquent toujours d'être dévorés.

— Cela m'est égal. »

Le lendemain, on l'envoya garder les vaches. On lui dit : « Faites attention : vous verrez deux prairies, l'une qui appartient à trois géants, l'autre au roi. Si vous entrez dans la première, vous serez mangé.

— Cela m'est égal. »

Et il conduisit le troupeau dans la prairie des trois géants.

L'un de ceux-ci arriva bientôt et dit : « Que fais-tu là ?

— Je garde les vaches.

— Attends un peu, je vais t'avaler. »

Le pâtre siffla. En une seconde ses chiens arrivèrent et étranglèrent le géant.

Le lendemain on l'envoya de nouveau garder les vaches, avec la recommandation ordinaire. Arrivée du second géant.

« Que fais-tu là ?

— Tu le vois bien.

— Attends un peu, je vais t'avaler. »

Le pâtre siffla. En une seconde ses chiens arrivèrent et étranglèrent le géant.

Le lendemain, on l'envoya encore garder les vaches, en insistant sur les précautions qu'il devait prendre. Venue du troisième géant.

« Que fais-tu là ?

— Cela ne te regarde point.

— Attends un peu, je vais t'avaler. »

Le pâtre siffla. En une seconde ses chiens arrivèrent et étranglèrent le géant.

Puis le vainqueur se dit : « Il y a mieux à faire que de retourner chez le roi. » Il abandonna donc le troupeau et marcha vers le palais des trois monstres.

Or, leur mère vivait encore. C'était une ogresse terrible. Le pâtre fut bien surpris de la voir, car il espérait s'emparer de la maison sans encombre.

Cependant il ne se déconcerta point. « Avez-vous besoin d'un domestique, demanda-t-il?

— Oui, répondit la vieille, et je t'accepte.

— Que faut-il faire?

— Va dans tel endroit me couper un morceau de pain. »

Il obéit, tout en pensant que l'ordre était assez étrange. Comme il allait, le gardien du parc l'appela et lui dit : « Évite soigneusement de te laisser persuader, car, en ce lieu qu'elle t'a indiqué, se trouve, sous terre, un moulin de couteaux. Mets le pied dessus, le sol va s'entrouvrir et tu seras broyé. »

Alors, après une petite promenade, le pâtre rentra au palais et dit : « Belle dame, je ne puis couper le morceau de pain. Venez m'aider. »

La vieille s'y rendit, espérant sans doute lui jouer quelque mauvais tour.

Mais il la poussa sur le terrain dangereux : un immense gouffre s'ouvrit où elle tomba.

Depuis ce jour, le superbe palais appartint au petit pâtre.

II

Le Fils du Pêcheur devenu roi.

Un pêcheur avait deux fils. Un jour que ceux-ci revenaient de l'école, l'aîné dit : « Allons pêcher ensemble avec le bateau de notre père, ce sera très amusant ! — Ma foi, je le veux bien, répondit le plus petit. Si nous rentrons d'assez bonne heure, papa ne nous grondera point. »

Quand ils furent sur mer, ils découvrirent un palais magnifique. Le plus jeune voulut aller le voir. « Attends-moi, dit-il à l'autre. » Et il débarqua.

Étant entré, il aperçut une immense salle autour de laquelle étaient alignés des sacs de toute grandeur. Il en prit un, l'apporta au bateau, l'ouvrit et le trouva rempli de pains blancs. Il retourna dans le château, prit un autre sac, l'apporta à son frère, l'ouvrit et le trouva plein de pièces d'or. Enchanté, il voulut faire une troisième visite. Mais l'aîné dit : « Je suis lassé, je ne t'attendrai pas. » Et le plus petit ayant accompli son projet, l'autre s'éloigna avec son canot.

L'enfant, après avoir parcouru une multitude de galeries, s'arrêta dans un appartement dont les lambris étaient d'argent et dont l'immense cheminée, toute de marbre, était faite à la mode d'autrefois. Tout à coup, il entendit du bruit. Il se hâta de se blottir dans un coin. Bientôt quatre géants approchèrent. Ils allumèrent un grand brasier et se mirent à causer en fumant.

L'un gémissait sur la disparition d'un fils et les autres personnages lui adressaient leurs consolations.

Le petit ayant entendu cela, pensa : « C'est un moyen de me sauver ! » Et il sortit de sa cachette en criant : « Mon père ! »

Le géant le regarda, mais ses yeux obscurcis par les larmes et par la fumée de tabac l'empêchèrent de remarquer trop de différence.

Au bout de deux jours, le géant dit : « Mon chéri, je vais m'absenter pour remercier mes amis d'être venus me voir. Durant ce temps, parcours toutes les chambres, sauf une qui se trouve en haut. »

Et il partit.

Naturellement, l'enfant ne put résister au plaisir de pénétrer dans la salle défendue. Elle était remplie d'hommes pendus! Tout terrifié il recula, mais essaya vainement de fermer la porte. Il poussait des cris de douleur quand il aperçut à terre une bague d'or. Il la prit et voulut la mettre à son doigt. Or, comme il la frottait, elle se mit à parler et lui dit : « Que me veux-tu donc?

— Ferme la porte. »

Et la porte fut fermée.

Alors il pensa que c'était dangereux de rester dans ce palais et il dit : « Par la vertu de ma bague, qu'on me bâtisse au milieu des mers un château plus beau que celui des rois. »

L'ordre fut immédiatement exécuté.

Les princes vinrent visiter ce palais. Le jeune homme, courtisé de tous, se maria avec la fille d'un empereur.

Un jour qu'il partait au loin, il dit à sa femme : « Voici ma bague d'or que j'aime beaucoup, prends-en le plus grand soin. »

Pendant que toutes ces choses se passaient, le géant, revenu chez lui, était à la recherche de sa bague. Il apprit par des sortilèges le nom de celui qui la possédait. C'est pourquoi il profita de l'éloignement de son ennemi pour se présenter au château et offrir dix bagues d'or en échange de l'autre.

La princesse accepta joyeusement.

Aussitôt que le géant eut recouvré ce précieux objet : « Par la vertu de mon anneau, commanda-t-il, que mon voleur aille en prison et soit condamné à mort. »

Sans aucun doute cette parole se fût accomplie de suite. Mais le fils du pêcheur, informé en même temps, par son bon génie, de la perte qu'il venait de subir, prévint le malheur en disant à son chien, Iouc'her, d'aller reprendre la bague d'or chez l'ogre.

Le fidèle animal courut aussi vite que le télégraphe. En arrivant, il rencontra un chat qui avait pris une souris. Le géant contemplait ce spectacle, tenant la bague entre ses dents. Voici que le chat, furieux de la présence du chien, hérisse son poil, bosse son dos, allume ses yeux, miaule atrocement et lâche la souris. — Sotte bête! s'écrie l'ogre, qui laisse lui-même tomber l'anneau d'or.

Iouc'her s'en saisit et l'apporta à son maître.

« Par la vertu de ma bague, dit celui-ci, que tous ceux qui ont essayé de me faire du mal soient tués. »

Ainsi disparut le géant, ainsi le fils du pêcheur fut toujours heureux.

III

Le Pape Innocent.

Un roi de Bretagne avait trois fils. Deux d'entre eux étaient toujours à la chasse. Le plus jeune ne quittait jamais la maison.

« Pourquoi ne suis-tu pas tes fréres ? lui demandait son père ; tu n'as donc pas de sang dans les veines ?

— Eh bien, répondait-il, j'irai un jour. »

Le roi convoqua les deux aînés et leur commanda ceci : « Vous le tuerez et m'apporterez son cœur. »

L'enfant entendit cet ordre. Étant sorti le lendemain avec ses fréres, il leur dit :

« Ayez pitié de moi et tuez un chien à ma place. »

Les deux plus âgés firent ainsi et le plus jeune alla courir à travers le monde.

Il rencontra deux hommes qui se rendaient à Rome pour voir nommer un pape.

« Voulez-vous me laisser aller avec vous, interrogea-t-il.

— Certainement. »

Les compagnons de voyage traversèrent un grand bois plein d'animaux sauvages. Comme le soir tombait, le fils du roi, qui avait l'oreille très fine, pria ses amis de s'arrêter parce qu'il entendait une conversation étrange; ensuite, grâce à ses yeux très perçants, il découvrit une cabane et invita ses camarades à s'y reposer pendant la nuit. Un vieillard gardait ce pauvre abri.

« Bonsoir, brave homme, dit le jeune prince. Logez-nous et vous n'aurez pas lieu de vous en repentir.

— Entrez, mais je n'ai que de la paille à vous offrir pour coucher, et que de l'eau claire à vous donner pour boire.

— C'est bien. Cependant cours à la ville voisine chercher douze gendarmes et deux tonneaux de cidre, car, à minuit, tout cela sera de grande utilité. »

Ces choses furent exécutées.

Les deux tonneaux de cidre furent placés à quelque distance de la hutte; les gendarmes se cachèrent derrière les arbres. Et voici qu'à minuit, douze assassins à longue barbe, armés de larges couteaux, se présentèrent. Mais voyant les barriques de bonne boisson, ils les percèrent et y burent pendant une demi-heure. S'étant ainsi enivrés ils s'endormirent et la maréchaussée coupa bravement les têtes.

Puis les trois compagnons de voyage continuèrent leur route. Ils marchèrent pendant deux jours. Un soir, ils arrivèrent auprès d'un château et y demandèrent l'hospitalité. Ils avaient une mine honnête, on les reçut. Tout était silencieux dans cette demeure. C'était effrayant. Pendant qu'ils soupaient, une vieille femme leur conta que dans une des chambres reposait une noble demoiselle, belle comme le soleil, mais que la maladie rongeait depuis sept années.

« Si je puis la voir, dit le jeune prince, elle sera guérie. »

On le conduisit dans l'appartement. Il s'approcha du lit et demanda :

« Qui êtes-vous?

— Je suis une fille du roi de France.

— Eh bien, si vous consentez à me confier la vérité, je vous sauverai.

— Je vous le jure.

— Depuis combien de temps êtes-vous allée à confesse ? »

La malade rougit, trembla et répondit en baissant les yeux : « Il y a sept ans que je n'ai avoué mes péchés. A cette époque, je profanai le sacrement de pénitence, puis, m'étant présentée à la communion, je ramassai l'hostie dans un mouchoir. Alors, retournant au palais de mon père, je passai près d'un étang où je lançai les saintes espèces. Un lézard les prit. A peine étais-je arrivée ici que j'éprouvai de cruelles douleurs. »

Après ces paroles de la coupable, le prince appela les serviteurs du château et ordonna d'aller chercher un prêtre et de transporter la jeune fille auprès de l'étang.

Le lézard la vit; il poussa des cris lamentables; mais, en reconnaissant le prêtre, il se tut, s'avança vers lui et déposa dans ses mains la blanche hostie.

En présence de tous, la noble demoiselle dit humblement son sacrilège, reçut l'absolution et fut guérie.

Ces événements frappèrent tellement les deux compagnons du fils du roi qu'ils n'osèrent plus le suivre. Ainsi le prince dut continuer sa route, seul. Malheureusement il n'avait pas d'argent et ses camarades l'avaient défrayé jusqu'ici.

En arrivant en Italie, il constata que ses chaussures étaient déchirées en trois endroits. Il pria un cordonnier de les raccommoder. Celui-ci le fit.

« Combien vous dois-je? dit le jeune homme.

— Trois sous.

— Je ne puis vous payer en ce moment, mais, à mon retour, je vous récompenserai. »

Quelque temps après, il entra dans un hôtel, demanda deux œufs, un morceau de pain et un verre d'eau.

« Combien vous dois-je?

— Deux sous, plus un sou, plus un centime.

— Bien! je ne puis m'acquitter en ce moment; du moins, en repassant, je vous paierai le triple. »

Et il poursuivit son voyage et il parvint à Rome. Les cardinaux étaient très embarrassés sur le choix d'un nouveau pape : ils aperçurent de loin le prince, le trouvèrent gentil, et apprenant qu'il était fils du roi de Bretagne, l'installèrent dans la chaire de saint Pierre.

Au bout de huit jours, ses deux compagnons de route arrivèrent — trop tard — pour voir une élection pontificale! Mais ils allèrent saluer avec joie le père des chrétiens et sollicitèrent une place de grands domestiques près de Sa Sainteté.

Le fils du roi (son nom était désormais Innocent) les accueillit fort bien et leur confia ce poste.

Il les chargea d'abord de se rendre chez ses débiteurs. Le cordonnier fut payé au centuple et ne se plaignit pas! Toutefois, à l'hôtel, les choses ne se passèrent pas si simplement. Le chef-cuisinier déclara qu'il s'était rappelé, après le départ du convive, que les œufs servis étaient très avancés et que, conséquemment, ils contenaient chacun un petit poulet près de sortir. Donc l'on pouvait affirmer que l'hôte avait mangé deux poulets et toute leur descendance ; donc le prix devait être proportionné à ce repas gigantesque ! C'est ainsi que le maître de maison demanda pour les deux œufs huit mille francs. Les grands domestiques du Saint-Père refusèrent de payer. Une discussion s'en suivit.

Le Pape ayant appris l'affaire se mit en route pour plaider. Il rencontra sur son chemin un jeune paysan d'une figure très intelligente. Celui-ci entra en conversation avec le Souverain Pontife et lui dit : « Tout le monde parle de votre aventure avec l'aubergiste, mais moi je vous promets de vous faire gagner votre procès si vous me donnez un habit neuf et un sac de blé.

— Volontiers, répondit le Pape.

— Eh bien, venez chez ma mère. »

Et Sa Sainteté s'étant assise près du foyer, dans la ferme, le jeune paysan prit quelques grains de blé et les mit à rôtir. Puis il les déposa dans la main du Saint-Père en lui disant : « Mon bon Pape, avec du blé cuit, pas de pain; de même avec des œufs cuits, pas de poule. Or, vous avez mangé des œufs cuits. Donc vous n'avez pas mangé de poule. »

Le Souverain Pontife répéta ce raisonnement au juge de paix. Aussitôt l'hôtelier fut condamné à donner quinze mille francs. Avec cette somme, le Souverain Pontife fit un grand repas auquel il invita le maire du village et toutes les autorités.

..... Le pape Innocent, fils du roi de Bretagne, eut encore d'autres aventures, mais, pour les raconter, il faudrait parler durant des nuits entières... Et mon conte est fini !

IV

La Reine qui sauve les Ames.

Un roi avait deux fils et une fille.

Les deux garçons se disputaient tous les jours à qui posséderait la couronne à la mort de leur pére. C'est pourquoi celui-ci leur dit : « Vous ne l'aurez ni l'un, ni l'autre; je la réserve au mari de ma fille. »

Le roi chercha donc un gendre. L'ayant trouvé tel qu'il le désirait, il donna aux cérémonies du mariage tout l'éclat possible. Trois repas splendides furent offerts à tous les nobles du pays.

Au dernier festin, en présence de tous, il fit don à sa fille d'une boule d'or magnifique. Mais, à ce moment, un pauvre étant venu demander un morceau de pain, la nouvelle mariée le servit elle-même et le pria d'accepter le propre cadeau de son pére.

Pendant ce temps, les fils du roi, frustrés dans leurs espérances, complotaient contre leur sœur.

Le malheureux, durant plusieurs jours de suite, se présenta à la fin des repas et fut toujours bien accueilli. Une fois il dit à sa bienfaitrice : « Je sais que vous désirez aller voir vos beaux-fréres. Rendez-vous en tel endroit, vous y trouverez un cheval qui vous conduira jusqu'à la porte. »

Les choses s'accomplirent comme le mendiant les avait prédites. La princesse goûta beaucoup de joie dans sa nouvelle famille; on lui fit fête de toute manière, si bien qu'elle désirait rester. Toutefois, un soir, elle déclara qu'elle était obligée de partir : « C'est la volonté de Dieu, ajouta-t-elle, que je revoie mon époux demain matin. »

Elle se mit en route. Voici qu'elle rencontra ses deux frères. Au fond, elle fut très effrayée, mais elle n'osa pas leur refuser de les accompagner.

Ils arrivèrent à une cité qui avait neuf entrées. Quand ils se furent éloignés de cette ville, elle leur demanda s'ils n'avaient pas oublié de fermer les portes. « Hélas, oui! répondirent-ils. — Eh bien, retournez sur vos pas, je vous attendrai ici. » Et pendant qu'ils accomplissaient cette besogne, leur sœur s'enfuyait au loin.

Elle s'égara dans un mauvais chemin. Vers minuit, à la clarté des étoiles, elle aperçut un mouton attaché à une branche d'arbre. La bête poussait de petits bêlements plaintifs. La princesse se sentit émue et coupa la corde qui retenait l'animal. Aussitôt celui-ci prit la fuite avec une agilité prodigieuse. A l'extrémité de cette route pénible, elle aperçut au milieu des bruyères une chapelle étincelante de blancheur sous les rayons de la lune. Une sonnette se faisait entendre. Elle entra pour prier. Un prêtre était à l'autel, en habits sacerdotaux, et des spectres l'entouraient. Elle joignit sa prière à leur murmure indistinct, alors de légères flammes bleues s'élevèrent vers la voûte, puis tout disparut.

Elle sortit. A la place de son cheval,

une blanche haquenée piétinait, qui, rapide comme le vent, la reconduisit au palais du roi son père.

Elle raconta ces aventures à son époux. Celui-ci répondit : « Tu as sauvé des multitudes de chrétiens. Le mouton était une âme retenue par la chaîne d'or qui empêche d'aller au paradis. Le prêtre et les fantômes attendaient leur délivrance éternelle de l'oraison d'un vivant. »

La fille du roi fut toujours très douce et très charitable. Tout le monde l'aimait et les anges la reçurent au ciel.

V

Le Roi des Poissons.

Une mère et son fils allant à la pêche rencontrèrent le roi des poissons.

La mère s'écria : « Voici bien notre affaire, je vais couper un morceau de cette baleine et nos paniers seront remplis du premier coup. »

Comme elle tirait son couteau, le roi des poissons lui dit : « Au lieu d'agir ainsi, tu m'aiderais plutôt, si tu étais bonne chrétienne, à regagner un endroit où l'eau est plus profonde. »

La femme répondit : « Il ne sera point raconté que j'aie refusé du secours à mon prochain ! »

Et elle poussa la baleine vers la haute mer.

Le roi des poissons lui parla ainsi : « Un bienfait n'est jamais perdu. Désormais tes pêches seront merveilleuses. »

Et ceci fut accompli.

Quand cette mère mourut, son fils prit la résolution de courir le monde.

Il arriva dans une lande couverte d'ajoncs. Il en chercha le propriétaire et lui proposa de la nettoyer complètement pour trois cents écus et cinq sous de tabac par jour.

Le marché fut conclu.

Mais le champ était vaste et la besogne très difficile ! A peine était-il parvenu à faucher jusqu'à une extrémité que les ajoncs avaient repoussé dans l'autre moitié de la garenne. C'était désespérant !

Une fois, un magnifique carrosse passa sur la route. Le cocher, apercevant notre travailleur, lui demanda la permission de s'asseoir auprès du talus, afin de fumer tranquillement sa pipe.

« Très volontiers, répondit l'autre. »

Et la conversation s'engagea. A la fin, le conducteur dit : « Mon ami, pour te remercier, je vais déblayer ce terrain en deux secondes. » Aussitôt il prononça une oraison en latin et tout fut fait.

« Eh bien, continua-t-il, veux-tu m'accompagner ?

— Je ne dis pas non.

— Parfait ! Tu seras mon domestique. Rien de plus simple que ton métier :

chaque matin tu nourriras mon cheval blanc avec de la sciure de bois et tu lui administreras dix coups de bâton. »

Horreur, chrétiens ! Ce cocher était le diable et son cheval une âme en peine !

Les deux voyageurs, à côté l'un de l'autre sur le siége du carrosse, trottèrent pendant dix jours, pendant vingt jours, pendant trente jours sans s'arrêter.

Au bout de ce temps, Satan dit à son compagnon : « La bête qui nous traîne est lassée. Détache-la pour la conduire brouter l'herbe dans le champ voisin. »

En dételant, le jeune homme admira les rênes d'or. Il y toucha avec plaisir... ses doigts furent brûlés : elles étaient de feu !

Il comprit alors sa situation.

Pendant qu'il conduisait la bête au pâturage, celle-ci lui narrait son propre sort. Ils formèrent le complot d'échapper ensemble à leur tyran.

Comme il éprouvait à la tête des démangeaisons extraordinaires, il s'assit auprès d'une fontaine, choisit une pierre pointue en guise de peigne et fit tomber de ses cheveux une foule d'animalcules plus rouges que de la braise. Les douleurs diminuèrent. Puis, sur le conseil de l'Ame, il prit une serviette, un balai et une pelle. Enfin, au signal donné par le malheureux cheval, il monta sur son dos.

... En avant... En avant...

Lucifer s'aperçoit de l'aventure. Il déploie ses grandes ailes de flamme. Déjà il va saisir les fugitifs. Mais le jeune homme laisse tomber la serviette le long de la queue de son coursier. Cela met trois cents lieues entre son ennemi et lui.

... En avant... En avant...

Satan les rejoint. Le poursuivi laisse tomber le balai le long de la queue de l'animal. Cela met encore trois cents lieues entre son ennemi et lui.

... En avant... En avant...

Le Démon les rattrape au milieu d'une forêt. Il jette son souffle de feu contre eux. Les bois s'embrasent. Le persécuté laisse tomber la pelle le long de la queue de sa monture. Cela met encore trois cents lieues entre son ennemi et lui.

... En avant... En avant...

Les menacés sont arrivés sur le bord de la mer. « Roi des poissons, s'écrie le jeune homme, roi des poissons, à mon secours !

— Que me veux-tu, fils de ma bienfaitrice ?

— Établis-nous un chemin à travers les eaux. »

Lucifer vient. Mais le cheval a disparu : une légère flamme bleue monte au ciel. Une âme est sauvée ! En même temps le jeune homme marche sur les flots. Satan furieux s'éloigne en blasphémant.

..... Notre héros traversa la mer et se rendit chez le roi de France. Celui-ci lui donna un poste à la cour. Cependant le monarque se montra fort dédaigneux, car il lui dit : « Je t'accepte parce que personne ailleurs ne voudrait te nourrir. »

Une fois, en se promenant, le jeune homme vit sur les blés de son maître une multitude de moineaux. Il demanda un fusil pour les chasser. Il les tua tous, sans en manquer un seul.

Cet exploit lui causa beaucoup de jaloux, si bien qu'on le fit passer pour un innocent.

Toutefois, c'était un bien petit accident à côté du malheur qui désolait à cette époque le royaume de France. Une terrible vipère — que personne ne pouvait dompter — exigeait chaque jour un homme pour sa nourriture. Elle en vint jusqu'à réclamer la fille du prince. Grand désespoir.

Notre héros courut sur le bord de la mer.

« Roi des poissons, roi des poissons!

— Que me veux-tu, fils de ma bienfaitrice?

— Je tiens à épouser la fille du roi qu'un monstre veut dévorer.

— Prends ce que je vais t'envoyer. »

Et il vit trois chevaux : l'un, couleur du soleil; l'autre, couleur de la lune; le troisième, couleur des étoiles. Les ayant emmenés à la cour, il fit part de ses résolutions à la princesse.

Le lendemain, il monta sur Soleil qui filait comme le vent et prit en croupe la fille du roi de France. C'est en cet état qu'ils arrivèrent auprès de la caverne de la vipère.

La vipère — qui n'était autre qu'un dragon à sept têtes — demanda sa victime.

« Viens la chercher. »

Elle s'approcha. D'un coup d'épée, le jeune homme lui trancha trois têtes. Aussitôt Soleil s'affaissa. Ils n'eurent que le temps de fuir.

Le jour suivant, il monta sur Lune qui filait comme la tempête et prit en croupe la fille du roi de France. C'est en cet état qu'ils arrivèrent auprès de la caverne de la vipère.

« Donne-moi à manger, siffla celle-ci.

— Avance ! »

Elle s'approcha. D'un coup d'épée, le jeune homme lui trancha trois têtes. Aussitôt Lune s'affaissa. Ils n'eurent que le temps de fuir.

Le jour suivant, il monta sur Étoile qui filait comme le son sur l'eau et prit en croupe la fille du roi de France. C'est en cet état qu'ils arrivèrent auprès de la caverne de la vipère.

« Jette-la dans ma gueule.

— Tiens-toi donc plus près. »

Elle s'approcha. D'un coup d'épée, le jeune homme lui trancha sa dernière tête. Aussitôt Étoile s'affaissa.

Alors ils coupérent les sept langues du monstre et abandonnérent les têtes. Mais en retournant au palais, ils s'égarérent. Quand ils furent rentrés chez le roi, ils apprirent que celui-ci venait de promettre sa couronne à un homme qui avait tué la vipére.

« C'est moi, s'écria notre héros.

— Impudent, répondit le prétendu vainqueur, vois les têtes du dragon que j'ai conservées.

— Oui, mais où sont les langues ? »

Et il les montra en racontant ses aventures. Ce récit excita une grande admiration dans le peuple et le roi de France donna sa fille et son trône au destructeur de la terrible bête.

On célébra le mariage avec une magnificence sans égale, le roi des poissons y fut invité et offrit en cadeau plus de cent mille carpes et brochets.

Ici je ne dis plus rien parce que je n'en sais pas plus long.

VI

La Souris blanche[1].

Un roi a trois fils, dont l'un est bossu. Cette difformité déplaît tant au père qu'il ordonne aux deux autres de tuer leur frère. Ceux-là, dans ce dessein, invitent le bossu à faire une promenade avec eux.

(1) De ce conte et des suivants nous ne donnons qu'une simple analyse. — Nous omettons plusieurs récits facétieux qui prennent toutes les libertés des fabliaux du moyen âge, et qui n'ont pas un véritable intérêt littéraire. Dans ce groupe il faut ranger « *l'histoire du recteur qui refuse l'absolution parce qu'on ne lui sert pas de bon jambon* », etc...

Ils vont sur le bord d'un étang. Une petite souris blanche montrant sa tête, le bossu court lui présenter du pain. Le petit animal lui dit alors : « Viens dans mon trou. — Impossible. — Essaye. » Et le prince obéit. Il pénètre ainsi dans un mirifique château.

A quelques jours de là, il veut aller au mariage de l'un de ses frères. La souris lui donne une calèche et quatre chevaux, avec un monceau d'or. Les invités en le voyant : « Il est riche ! Il est joli ! » Mais il retourne chez sa bienfaitrice.

Un an s'écoule. La souris lui dit : « Ton autre frère va se marier. Allons tous les deux à la noce. Nous serons montés chacun sur un cheval resplendissant. Au milieu de la cérémonie nuptiale, Souris blanche se transforme en une délicieuse fée, d'un coup de baguette enlève la bosse de son ami ; l'épouse.

Le roi émerveillé donne sa couronne à ce fils qu'il méprisait autrefois.

VII

En allant au Pardon de saint Fiacre.

Un homme allait au pardon de saint Fiacre, près de Lanmeur. En chemin, il rencontra un jeune domestique. Et de faire route ensemble! Et la conversation de trotter gaiement!

En passant près d'un château, le jeune domestique dit à son compagnon : « Le seigneur de ce lieu possède cinquante bœufs, mais on le déteste. Tout auprès habite ma mère qui est pauvre, mais aimée. Arrêtez-vous un instant chez nous. » L'autre y consentit.

Petite cabane avec toit en chaume. A l'intérieur un seul appartement orné d'un lit et d'une table. Au pied de la table une vache est attachée. Le voyageur s'assied, On lui sert de la soupe. Pendant qu'il mange, la vieille du logis le prie de veiller à ses pas, car des brigands désolent la campagne. Alors le pèlerin prend l'étrange résolution de se mettre en chemise afin d'effrayer les passants. Et il poursuit sa route.

Au milieu d'une lande, il aperçoit un moulin à vent. Il s'y rend pour passer la nuit. Du bruit! Il se cache[1]. Des voleurs entrent, se racontant une bonne expédition qu'ils ont faite, déposent quinze mille francs sur une table, puis sortent

(1) D'après mon conteur, le pèlerin se dissimule dans l'endroit où l'on met le blé à moudre : *bec ar velin*.

pour un autre mauvais coup : « Que le diable nous attrape s'il veut, crient-ils en sortant ! »

Le voyageur prit cet argent. Il paraît qu'il le dépensa en voyages sur mer. On dit qu'il passa plusieurs étés au Havre. Toujours est-il que trois ans après il revint chez lui.

VIII

En compagnie d'un Gourmand[1].

Un fils unique, en allant au pardon, avait trouvé un camarade de voyage. Ce dernier était d'une grande laideur. Ils rencontrèrent une jeune fille et l'accompagnèrent. Celle-ci récitait son chapelet, mais elle pria courtoisement les pèlerins de dîner chez elle. Acceptation.

Le fils unique était fort bien élevé; son camarade, au contraire, se montra d'une gourmandise honteuse. Le premier prit l'autre à part et lui dit : « Nous sommes

(1) J'ai entendu le même conte avec de nombreuses variantes, en Haute-Bretagne, à Pleine-Fougères.

encore invités à souper ici ce soir. Or, comme je ne veux pas que ta conduite me cause une mauvaise réputation, quand je te verrai faire une sottise pendant le repas, je pousserai mon pied contre le tien. Tu comprendras qu'il faut cesser. »

La brune venue, l'on se mit à table. A peine le gourmand avait-il commencé de festoyer que le chat de la maison, pour obtenir quelque morceau, alla se frotter contre ses jambes. Notre mangeur crut que c'était un signal de s'arrêter et de suite abandonna fourchette et cuillère. Grand étonnement des convives !

A la nuit, on va se coucher. « Reposez-vous bien, dit la jeune fille, car demain nous partirons tous ensemble au pardon. » Mais au milieu du sommeil général, voici le vorace qui se lève et crie à son camarade : « J'ai faim ! » Ce dernier répond : « Le lard est auprès du lit de la vieille mère ; le lait est dans un pot, dans l'armoire voisine. »

Le gourmand court prendre le lard. A ce moment la bonne femme éternue[1]. « Ne souffle pas dessus, dit le mangeur, la viande est assez froide. » Puis il va chercher les pots de lait, mais, en buvant, il y plonge la tête jusqu'au cou. Et pas moyen de la retirer ! Il pousse des hurlements ! Tout le monde réveillé ! La vieille mère est la première debout. Elle le conduit dehors en lui disant : « Frappe contre la muraille, le pot va se briser. » Le vorace prend son élan et tombe... sur sa conseillère. Le vase point ne s'ébrèche ni ne

(1) L'original est plus énergique. Le mot employé est le verbe *Bramma*.

rompt. Enfin les garçons de ferme arrivent, frappent sur le pot et le gourmand est délivré !

Son compagnon lui dit : « Tu portes des sabots, tu es une bête, tu es grossier, je n'ai pas fait mes études pour que tu me déshonores. Va-t-en. » Et l'autre s'enfuit.

On retourna dormir, et le lendemain matin on partit au pardon. Plus tard, le fils unique épousa la jeune fille.

IX

Le Pot de Fer rouillé.

Trois fils de roi — dont l'aîné va tous les jours à la chasse. Une fois, il est surpris par la nuit, au milieu d'un bois. Il se réfugie dans un château voisin. Personne n'en défend l'entrée. Il met son cheval à l'écurie et pénètre dans une salle magnifique. Un repas est servi : il y fait honneur. — Le lendemain matin, il se promène dans le jardin du château, aperçoit un pot de fer rouillé. « Si je connaissais le propriétaire, dit-il, je le prierais d'enlever ce vilain objet. » Le vase répond : « Tu commenceras par payer cette parole.

Reste ici prisonnier pendant deux ans ou tu es mort. » Au bout de six mois, une fleur dit au prince : « L'un de tes frères va se marier, demande au pot de fer la permission d'assister à cette cérémonie, mais reviens exactement, ou ta mort est certaine. » L'autorisation accordée. Bien plus, le pot de fer prête à son prisonnier une calèche et deux chevaux. Le prince revient, mais contrairement à l'ordre de son étrange tyran, il a raconté dans sa famille toutes ses aventures. Le pot de fer, à cause de cette indiscrétion, lui inflige diverses épreuves. Premièrement, il doit traverser le « chemin de feu[1] » trois fois par jour, pendant sept mois. Seconde-

(1) Cette expression désigne ordinairement « le chemin de fer ». Ici elle a un sens particulier que je ne saisis pas très bien.

ment, après cette expiation, le pot de fer se métamorphose en épervier, donne au prince une boule, lui disant : « Je t'accorde trois coups, si tu n'arrives pas à la jeter entre mes pattes, tu es mort. » Mais le jeune homme réussit, l'épervier expire aussitôt et le château appartient désormais à l'aîné des trois fils du roi.

X

L'Homme à la main d'argent.

Son père et sa mère étant allés à la foire, une fille se trouvait seule à la maison. Pour se désennuyer, elle fit des crêpes. Mais un homme sortit de dessous la table, criant : « J'ai une hache, un sabre et un couteau. Donne-moi tout ce repas, ou je t'assomme. » Naturellement, la malheureuse obéit.

Alors le mauvais sortit pour chercher ses compagnons. Pendant ce temps, elle barra solidement la porte. Il revint bientôt, exigeant des crêpes. « Fais passer ta main à travers ce trou, répondit-elle, et je la remplirai. » Il le fit. D'un coup de hache, elle lui coupa le bras.

Cet homme s'enfuit, poussant des cris de douleur. Cependant, dix mois après cette aventure, s'étant mis une main d'argent, il vint demander la fille en mariage. On accepta.

Il conduit la mariée dans son château, mais lui défend de visiter telle chambre. La femme ne manque pas d'y pénétrer pendant l'absence du mari. Horrible spectacle qui s'offre à ses yeux : mille hommes pendus ! Arrivée inattendue de l'époux ! Elle trouve moyen de s'échapper.

Pour rendre vaine toute poursuite, elle s'habille de haillons et contrefait la boiteuse. Enfin elle rencontre les archers de la ville voisine, leur expose les dangers qu'elle court.

Et la digne maréchaussée loge en prison l'homme à la main d'argent.

XI

Le Lièvre blanc.

Un roi avait trois fils qui allaient tous les jours à l'école. Mais, une fois, l'un d'eux, ennuyé, voulut chasser. Sur son chemin, il rencontra un lièvre blanc, tira trois coups de fusil, lui démolit trois pattes et le mit en son panier. L'animal lui dit : « Tu m'as fait souffrir, eh bien, si demain matin, à dix heures, tu ne reviens pas au même endroit, malheur à toi ! » Le jeune homme, effrayé, lâcha aussitôt son gibier, puis il courut chez une vieille femme lui raconter cette aventure. Après diverses recommandations, elle lui donna une boule qui marcherait devant lui et lui indiquerait la voie à suivre.

Le lendemain, dès l'aurore, notre chasseur se mit en route. Il arriva près d'une fontaine où les trois filles du diable avaient l'habitude de venir faire leur toilette. Il se cacha. Les deux plus grandes s'éloignèrent bientôt. La plus jeune resta plus longtemps à se mirer dans l'eau. Quand elle s'éloigna, le prince la suivit et il se rendit ainsi dans la maison du démon.

La femme du diable dit poliment à cet étranger : « Puisque tu nous fais une visite, accepte de boire, de manger et de dormir chez nous. » L'autre mâcha un premier morceau et le jeta sous la table, ensuite il mit dans sa bouche un premier verre de vin et le vomit de même. « Que fais-tu donc ? — C'est la mode de mon pays! — Eh bien, va te coucher! » Et il y alla. Or, il était temps, car le diable accourait.

Le lendemain matin, en voyant son hôte, le Cornu[1] lui dit : « C'est toi qui, hier, as blessé mon lièvre chéri! Pourquoi n'as-tu pas été dans l'endroit qu'il t'a fixé et à l'heure indiquée? Va bâtir sur la mer voisine un pont en plumes de merle. Si ce soir tu n'as pas réussi, tu es mort! » Notre héros partit.

Une bande de merles passa. Il braqua son fusil, mais perdit sa peine : pas un ne fut attrapé! De fureur, il brisa son arme. Il se lamentait, quand la femme du démon vint, à midi, lui apporter de la nourriture. Elle comprit sa situation. Comme, au fond, elle n'était pas mauvaise

(1) Nom populaire du diable.

diablesse, elle prononça deux mots et immédiatement l'œuvre fut accomplie. Bien plus, elle lui parla en ces termes : « Nous allons rentrer. Mon maître sera furieux de ton succès et t'enverra de suite dans ta chambre. Ne te couche pas, mais reste auprès de la porte. Lorsque, au milieu de la nuit, il t'interrogera, réponds aux deux premières questions, et garde-toi de souffler mot à la troisième. » Ainsi dit, ainsi fait. A minuit, le Cornu se lève et va frapper un coup de poignard dans le lit de son hôte. « Es-tu tué ? — Non. » Et le Cornu de frapper de nouveau ! « Es-tu tué ? — Non. » Et le Cornu de donner un troisième coup. « Es-tu tué ? » Pas de réponse.

Le lendemain matin, grand étonnement du Maudit en revoyant le prince assis à table pour déjeuner. « Écoute, dit-il, il y a près d'ici une haute montagne de fer qui me gêne. Tu l'enlèveras avec une pelle de chêne et une pioche de sureau. Si ce soir tu n'as pas réussi, tu es mort! » Le condamné essaya, mais vainement, d'accomplir ce travail! Il se désolait, quand la femme du démon vint, à midi, lui apporter de la nourriture. Elle comprit encore sa situation. Elle eut pitié du jeune homme, prononça deux mots et immédiatement l'œuvre fut accomplie. Le Cornu, stupéfié, tomba en une telle admiration qu'il lui proposa en mariage la plus jeune de ses filles, belle comme le jour. Aussitôt les cérémonies furent accomplies et les nouveaux mariés résolurent de parcourir le monde.

Au bout d'une semaine, le diable se repentit de s'être montré si bon. Il prit son cheval couleur de sang pour retrouver et arrêter les deux époux. Ceux-ci en eurent le pressentiment. En passant près d'un jardin, ils se métamorphosèrent en roses. La course du démon fut donc inutile. Il rentra chez lui et dit à sa femme : « Je n'ai rencontré que des fleurs ! — Bah ! répondit-elle en riant, je suis sûre que ce sont tes enfants ! » Le Cornu entreprit alors une seconde poursuite. Mais l'un se changea en pierre, l'autre en eau. L'expédition du Maudit se trouva infructueuse. Il revint à la maison et cria : « Je n'ai vu qu'une jolie fontaine dans un rocher brillant comme le cristal ! — Bah ! reprit-elle par moquerie, je suis certaine que c'est ta fille et ton gendre ! — Tant pis, je ne veux plus perdre ma peine en pareils mouvements. »

Toutefois, les épreuves des époux n'étaient pas finies. Ils furent obligés de passer à travers un parc rempli de moutons. Ce parc appartenait à une méchante fée. La fée frappa de sa baguette la jeune fille, et celle-ci fut changée en mouton. Alors la sorcière dit au prince : « Si tu ne la reconnais pas entre tous les autres animaux, tu passeras le reste de ta vie dans un cachot. » Mais le mouton s'approcha de lui avec un air plein de tristesse. Et le fils du roi reconnut son épouse. Aussitôt elle redevint à son état naturel, plus belle que la lune.

A partir de ce jour, ils furent très heureux.

XII

Farouel[1].

Un jeune homme du nom de Farouel part à la chasse.

Il passe la nuit dans une vieille chapelle. Un éléphant qui le sentait de loin allonge sa trompe à travers une fenêtre brisée, mais sa grosse tête reste prise entre les murs. Farouel lui coupe le cou.

Une autre fois un rhinocéros fond sur lui. Bien vite il monte dans un arbre. Il jette son paletot sur une branche basse. L'animal se précipite sur cet objet, mais

(1) Ce nom signifie « farceur ».

s'embarrasse dans les plis du vêtement. Farouel profite de ce moment pour lui trancher la nuque.

Une autre fois, il aperçoit trois lions endormis. Aussitôt il se cache derrière un rocher, et de là lance un caillou sur la crinière du plus gros. Celui-ci s'éveille, et, furieux, se dresse contre ses congénères. Bataille : les trois lions se blessent à mort mutuellement. Farouel n'a plus qu'à emporter les fourrures.

Le vainqueur, fort content de sa personne, retourne au village conter ses exploits, quand il rencontre un énorme géant. La conversation s'engage.

Farouel lui dit : « Un jour, ma mère me demanda d'aller chercher des fagots. Je pris une immense corde capable de faire le tour de la forêt voisine. Et j'apportai sur mon dos tous les bois seigneuriaux du pays. — Un autre jour, ma mère me pria d'apporter une cruche d'eau. Je pris une pioche capable de déraciner toutes les fontaines voisines. Et j'apportai sur mes épaules toutes les sources du pays. — Un autre jour, ma mère m'envoya jouer aux palets. Je saisis dix meules de moulin que je lançais sans peine et je vainquis tous les joueurs du pays. »

Le géant répond : « Décidément tu es fort, et je n'ai pas vu ton pareil depuis plus de trois cents ans que je vis. J'ai un palais à quinze lieues d'ici, viens chez moi. »

Le jeune homme accepte, méditant le projet de s'emparer des trésors de son compagnon. Une semaine après, il dit au géant : « Je parie que tu n'as pas la peau aussi dure que la mienne. — Tu mens! — Essayons. — J'y consens. » Farouel brandit un coutelas et s'écrie : « Je vais l'enfoncer dans mon cœur sans me faire de mal! » Il le fait et ne meurt point, car il a placé sous sa chemise un coussin de pain frais. Le géant veut tenter la même expérience; (il n'a pas pris les mêmes précautions!), et il expire au bout de son sang. C'est ainsi que le château avec ses richesses devient la possession du jeune homme.

Toute sa vie Farouel fit des plaisanteries.

ÉPILOGUE

Selon la comparaison chère aux moindres scribes, nous sommes enfin arrivés au terme de notre travail :

Comme un gai pèlerin sur le sommet d'un mont.

Jetons maintenant un rapide regard d'ensemble sur les contes que nous avons recueillis, pour en dégager quelque idée générale.

La narration populaire ne s'embarrasse ni des anachronismes, ni des invraisemblances, ni des répétitions. Elle laisse aux lettrés le souci de préparer tous les incidents, d'expliquer tous les mouvements des acteurs ou de donner l'unité parfaite aux caractères. Elle marche son train, bien à l'aise, tantôt pleine de malice :

> Ayant mis ce jour-là, pour être plus agile,
> Cotillon simple et souliers plats;

tantôt pleine d'effroi. Parfois son visage est mouillé de larmes, parfois il a un doux sourire. Elle donne à certaines heures les enseignements les plus élevés; à d'autres moments, elle parle pour le pur plaisir de parler. Sous le bizarre, l'extraordinaire, le merveilleux, elle recèle toujours quelque parcelle de vérité, elle cache toujours quelque battement du cœur humain.

Au fond, ses thèmes sont en nombre assez restreint; la multiplicité des formes constitue sa véritable richesse : car l'imagination des peuples est un infatigable tisserand qui, avec les mêmes fils, ourdit les toiles les plus variées; une brodeuse qui, sur d'anciens canevas, avec une soie ancienne, crée des dessins nouveaux. Ainsi le Bienheureux Julien n'est point d'Armorique[1]; cependant les bûcherons rennais s'emparent du plan dramatique de son histoire, modifient les détails, retranchent ici, ajoutent là, et transforment l'étrange thaumaturge en quelque baron, leur compatriote. Voulez-vous un exemple plus large et plus frappant? Tel critique méticuleux a pu dire qu'il n'est

(1) La légende de saint Julien est très répandue. Plusieurs fois la littérature s'en est inspirée. Inutile de citer *El Animal profeta*, de Lope de Vega, et les célèbres pages de Gustave Flaubert dans ses *Trois Contes*.

pas de conte connu en Europe que Luzel et Sébillot, les deux grands investigateurs de notre folklore, n'aient trouvé dans la Basse ou dans la Haute-Bretagne. Les mêmes songes des hommes se propagent donc dans les milieux les plus divers, avec autant de fécondité que le pollen d'une même fleur transporté, par les papillons et les zéphyrs, sur les terres les plus éloignées.

Un habile écrivain qui voudrait solliciter doucement les textes populaires composerait de très fines choses. Mais ici l'on n'a essayé en aucune façon d'agencer les multiples parties d'un récit ou d'agiter la charmante sonnerie des mots. L'auteur n'est qu'un écho fidèle de ce que racontent le laboureur, le petit pâtre et la vieille grand'mère. Aux savants traditionnistes, il peut répéter la parole de Montaigne : « Ma conscience ne falsifie pas un iota, mon inscience je ne scay. » Et si, dans leur gravité, des profanes jugent ce travail inutile, il leur rappelle la phrase de Charles Nodier : « On n'a rien de mieux à faire que de prêter l'oreille à des contes bleus pour attendre le sommeil »... Pour nous, en écrivant ces lignes, nous avons revécu les heures délicieuses passées près du foyer hospitalier :

Au lent départ du jour, quand le hameau s'endort (1).

(1) At the close of the day when the hamlet is still.
(*Beattie's Hermit.*)

TABLE

PREMIÈRE PARTIE

CHAPELLES & LÉGENDES

DEUXIÈME PARTIE

LES POÈMES

APPENDICE

TROISIÈME PARTIE

LES CONTES